Felix & Theo

Der Fall Schlachter

W0359480

Langenscheidt

Berlin · München · Wien · Zürich · New York

Leichte Lektüren
Deutsch als Fremdsprache in drei Stufen
Der Fall Schlachter *Stufe 3*

Dieses Werk folgt der neuen Rechtschreibung
entsprechend den amtlichen Richtlinien.

Druck: Mercedes-Druck GmbH, Berlin
Printed in Germany

ISBN 978-3-468-49684-4

07111

Die Hauptpersonen dieser Geschichte sind:

Helmut Müller, Privatdetektiv, wird von einem Bekannten angerufen, der in eine sehr unangenehme Situation geraten ist.
Joachim Breitner, arbeitet in einer Werbeagentur und steht unter Verdacht, seinen Chef umgebracht zu haben.
Peter Schlachter, Chef der Werbeagentur „happy power" wurde tot in seinem Büro gefunden. Eine Pistole lag auf seinem Schreibtisch.
Johanna Schlachter, die Frau von Peter Schlachter, ist Tänzerin und kommt gerade von einer Tournee aus New York zurück.
Birgit Glanz, Sekretärin Schlachters, war die Letzte, die Schlachter lebend gesehen hat.
Bea Braun, Sekretärin im Detektivbüro Müller, kann ein wesentliches Beweismittel herausfinden.

1

Alles begann an einem Montag. Als das Telefon klingelte, nahm Bea Braun den Hörer ab und sagte wie immer:
„Detektei Müller, was kann ich für Sie tun?“
„Kann ich mit Herrn Müller sprechen? Es ist wichtig.“
Es war eine tiefe Männerstimme mit einem nervösen Klang.
„Chef, Telefon für Sie!“
Helmut Müller war gerade dabei, den Sportteil der „Berliner Zeitung“ zu lesen. Nur sehr ungern ließ er sich dabei stören.
„Muss das sein? Wer ist es denn?“
„Weiß ich nicht, ein Mann, er sagt, es ist wichtig!“
Müller klemmte sich den Hörer zwischen Kopf und Schulter, damit er die Zeitungsseite umblättern konnte.

„Müller hier, was kann ich für Sie tun?“
„Hallo, hier ist Joachim. Joachim Breitner. Ich hoffe, du erinnerst dich noch an mich. Wir haben mal vor ein paar Jahren zusammen Tischtennis gespielt in dieser Kneipe in Halensee.“
„Ach ja, du bist es, Joachim! Im ersten Moment habe ich deine Stimme nicht erkannt. Du klingst aber ganz schön aufgeregt. Was ist denn los?“
„Das erkläre ich dir später. Nur so viel: Mein Chef wurde umgebracht. Wahrscheinlich letzte Nacht. Kannst du so schnell wie möglich herkommen?“
„Wohin denn? Ich habe keine Ahnung, was du beruflich machst und wo du arbeitest.“
„Ich bin hier in der Werbeagentur ‚happy power‘, Kurfürstendamm 192. Nimm dir ein Taxi und komm!“
„O.K. Bin schon unterwegs.“

2

Während der Fahrt überlegte Müller, wann er diesen Joachim Breitner zum letzten Mal gesehen hatte. Es musste vor etwa zwei, drei Jahren gewesen sein, denn seine Leidenschaft für Tischtennis hat in der letzten Zeit gewaltig nachgelassen. Mit 42 Jahren ist man einfach nicht mehr so schnell, außerdem hatte er in der letzten Zeit auch ein paar Kilo zugelegt. Dieser Breitner war nicht gerade ein sehr erfolgreicher Tischtennisspieler, aber wohl damals schon umso erfolgreicher im Beruf. Müller wusste nur, dass er gut verdiente, aber was genau er tat, davon hatte er keine Ahnung.

192
HAPPY POWER
MOABIT RANGER
TAXI

Das Taxi hielt vor dem Haus und Müller stieg aus. Auf dem Bürgersteig tummelte sich eine Menge Neugieriger; jeder wollte wissen, warum ein Polizeiwagen vor dem Eingang stand. Müller bahnte sich seinen Weg zum Eingang. Ein Polizist versperrte ihm den Weg.
„Tut mir leid, mein Herr, Eintritt für Unbefugte verboten.“

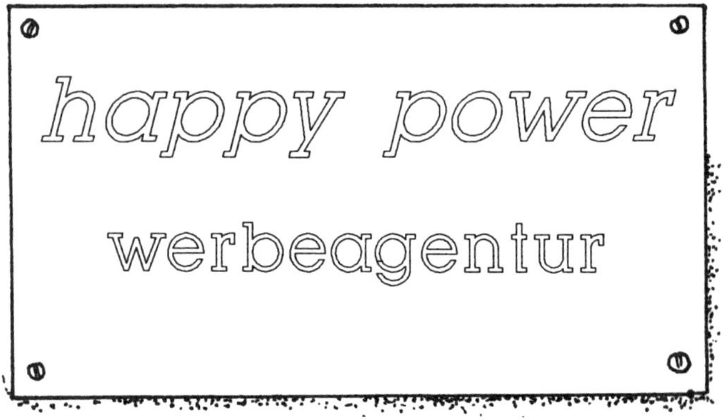

Es dauerte eine Weile, bis Müller den Polizisten überzeugen konnte. Schließlich stand er am Eingang der Werbeagentur. Hier das gleiche Theater. Nach weiteren Verhandlungen stand er schließlich vor Joachim Breitner. Sie gingen durch einen elegant ausgestatteten Flur, schoben sich an einigen Polizisten vorbei und landeten in einem Sekretariat.
„Bitte, Frau Tschoke, lassen Sie die nächste Zeit niemand zu mir. Ich möchte auf keinen Fall gestört werden.“
Die Sekretärin, eine Frau um die fünfzig, wie Müller schätzte, nickte, ohne etwas zu sagen, und öffnete ihnen die Tür zum Zimmer von Breitner.

3

„Also, mein Lieber, was ist denn passiert? Erzähl mir alles, was du weißt."
„Ich kam heute so gegen neun ins Büro. Die Sekretärin von meinem Chef kam sofort zu mir. Sie war sehr aufgeregt, weil die Tür zum Büro von Schlachter – mein Chef heißt, äh, hieß Peter Schlachter – also weil die Tür von innen verschlossen war, sich aber niemand meldete. Ich habe dann den Schlüssel aus meinem Schreibtisch geholt und aufgemacht."
„Wer hatte einen Schlüssel zum Büro außer dir?"
„Schlachter selbst hatte zwei. Einen hat die Polizei in seiner Hosentasche gefunden, den anderen hat er wahrscheinlich zu Hause."
„Gut. Erzähl weiter."
„Na ja, ich hab also die Tür aufgemacht und da lag er."
„Was heißt: ‚Da lag er.'?"
„Na eben tot. Erschossen. Die Pistole lag neben ihm auf dem Schreibtisch."
„Also Selbstmord?"

„Die Polizei glaubt nicht daran. Sie denken, ich könnte es gewesen sein."
„Warum denn das?"
„Sie fanden im Schreibtisch ein an mich gerichtetes Entlassungsschreiben. Verstehst du jetzt, warum ich so nervös bin? Die denken ernsthaft, ich hätte meinen Chef umgebracht."
„Nur die Ruhe! Ganz ruhig! Hattest du denn irgendwelchen Ärger mit ihm?"
„Überhaupt nicht. Nun, er war kein einfacher Chef, eine ziemlich unangenehme Persönlichkeit, aber trotzdem, es gab eigentlich keine größeren Probleme mit ihm. Jedenfalls hatte er nicht den geringsten Grund, mich zu entlassen."
„Bist du sicher?"
„Absolut, wirklich."
„Gibt es sonst irgendwas Besonderes? Innerhalb der Firma?"
„Was Besonderes? Nein, eigentlich nicht. Wir hatten ziemlich viel zu tun, vor allem seit wir den Auftrag für die Wahlen zum Abgeordnetenhaus bekommen haben. Wir werben für die ‚Neuen Konservativen', deshalb gab es auch mal Ärger zwischen Schlachter und mir. Mir ist diese Partei zu rechts, ich weiß nicht, ob es nicht dem Ansehen unserer Agentur schadet, für so eine Partei zu arbeiten."

In diesem Moment klingelte das Telefon. Joachims Sekretärin sagte ihm, dass die Polizei mit ihm sprechen wollte. Nachdem er das Zimmer verlassen hatte, konnte Müller sich in Ruhe umsehen. Es war ein typisches Yuppie-Büro, elegant, kühl, keine persönlichen Fotos.

4

Nach ein paar Minuten kam Joachim zurück. Müller bat ihn, weiterzuerzählen.
„Was war dieser Schlachter für ein Mensch? Wie alt war er?"
„Zweiundfünfzig, glaube ich. Er war mit einer Tänzerin verheiratet. Vielleicht hast du schon mal von ihr gehört. Johanna heißt sie. Sie war sogar ein paarmal im Fernsehen. Sie ist eine sehr ..., na ja, wie soll ich sagen ..., sehr interessante, intelligente Frau."
„Und wie war die Ehe? Probleme?"
„Nicht, dass ich wüsste. Ich habe allerdings auch nie mit Schlachter über persönliche Dinge gesprochen."
„Wann kann ich mit ihr sprechen?"
„Wenn sie wieder in Berlin ist. Sie hatte eine Tournee in den USA. Soweit ich weiß, müsste sie morgen früh zurück sein. Sie war auch die Letzte, die mit Schlachter gesprochen hat. Sie haben gestern Abend noch zusammen telefoniert, um halb neun. Da war es in New York, wo sie arbeitete, halb drei nachmittags."
„Und wo warst du gestern Abend? Wann wurde dein Chef eigentlich ..., ich meine, wann starb er?"
„Die Polizei meint, es muss zwischen sieben und elf gewesen sein. Ich bin so gegen sieben aus dem Büro gegangen, hab noch ein paar Sachen eingekauft für zu Hause. Dann bin ich in meine Wohnung gegangen und um zehn habe ich mich mit meiner Freundin getroffen. Wir haben dann in einer Kneipe etwas getrunken und uns unterhalten. Um eins war ich dann wieder zu Hause und ging schlafen."

„Das heißt, dass du zwischen sieben und zehn kein vernünftiges Alibi hast, wenn ich das richtig sehe."
„Tja, so ist das wohl. Das hat die Polizei auch schon festgestellt."
„Gibt's sonst noch was? Irgendwas, womit ich was anfangen kann?"
„Leider ja. Vor zwei oder drei Tagen bekam Schlachter einen anonymen Brief. Darin steht, dass unsere Firma die Finger von der Wahlwerbung lassen soll. Wenn nicht, würde jemand von ‚happy power' sterben."
„Sehr merkwürdig. Möglicherweise ein politischer Mord?"
„Keine Ahnung. Aber da ist noch etwas. Die Polizei glaubt, dass dieser Brief auf meiner Schreibmaschine getippt wurde."
„Wie bitte? Was soll das denn nun, um Himmels willen?"
„Helmut, ich weiß es wirklich nicht. Ich verstehe überhaupt nichts mehr. Was soll ich bloß tun?"

Müller überlegte. Es schien klar, dass irgendjemand seinen alten Tischtenniskollegen im Gefängnis sehen wollte. Die Chancen dafür waren leider ziemlich günstig. Kein Alibi, die Kündigung, der anonyme Brief auf seiner Schreibmaschine ...

5

Nachdem Müller wieder in seinem Büro war, besprach er den Fall mit seiner Sekretärin. Bea Braun hat schon bei vielen hoffnungslosen Fällen gute Ideen gehabt. Müller erzählte ihr alles: wer der Tote war, wer Joachim war, über die Tänzerin, den Drohbrief, die Kündigung. Als er fertig war, versuchten sie, die Dinge zu ordnen.
„Also, Chef, schauen wir uns die Leute mal einzeln an. Zunächst der Werbechef, der Tote. Wie heißt der noch mal?"
„Schlachter."
„Genau. Also dieser Schlachter war verheiratet, nicht wahr?"
Ohne eine Antwort abzuwarten, sprach Bea Braun weiter. „Nämlich mit einer Tänzerin. Was wissen wir über diese Tänzerin? Nur, dass sie noch berufstätig ist und morgen früh aus New York zurückkommt. Außerdem hat sie als Letzte mit ihrem Mann gesprochen. Damit hat sie ein hundertprozentiges Alibi."
„Richtig", sagte Müller, „trotzdem würde ich gern ein bisschen mehr über diese Dame wissen. Joachim sagte, dass sie manchmal auch im Fernsehen auftritt. Wer im Fernsehen auftritt, den kann man auch irgendwann einmal in der Klatschpresse wiederfinden. Einer von uns beiden muss mal ein paar Redaktionen anrufen. Vielleicht ist unsere Tänzerin in irgendeinem Archiv."
„Genau. Am besten machen Sie das, Chef, ich habe nämlich eine andere Idee. Ein alter Freund von mir wohnt seit einiger Zeit in New York. Ich könnte ihn anrufen, sobald ich weiß, wo sie dort aufgetreten ist.

Das kann mir sicher unser Kommissar Schweitzer sagen. Seit ich ein paarmal mit ihm essen war, ist er sehr, sehr nett zu mir. Na, wie finden Sie das, Chef?"
„Ich weiß nicht, ob uns das weiterhilft. Aber ich muss zugeben, dass Sie heute wirklich in Hochform sind, meine Liebe. Unabhängig davon werde ich morgen versuchen, Frau Schlachter zu Hause zu besuchen, wenn sie gelandet ist."

Beide hängten sich ans Telefon, um an weitere Informationen zu kommen. Müller rief einige in Berlin ansässige Redaktionen von Illustrierten an. Zuerst versuchte er es bei der „Bunten Illustrierten", dann bei der „Quick", schließlich landete er, nach einigen weiteren erfolglosen Versuchen, bei einer bekannten Boulevardzeitung. Er verabredete sich für den kommenden Morgen mit einem Redakteur, der meinte, bis dahin etwas zu finden.
Erschöpft von dem bisherigen hektischen Tagesverlauf wandte er sich wieder dem Sportteil der „Berliner Zeitung" zu. Bayern München hatte am Wochenende seinen Punktevorsprung gegenüber Köln und Bremen weiter ausgebaut, das deutsche olympische Komitee sah gute Chancen für die nächste Olympiade und schließlich stellte Müller betrübt fest, dass sein

alter Fußballverein, der TSV 1860 München, dem er seit seiner Studentenzeit treu verbunden war, schon wieder verloren hatte und damit praktisch keine Chancen mehr hatte aufzusteigen.

Nachdem er auch noch flüchtig den Wirtschaftsteil und die Regionalnachrichten durchgelesen hatte, beschloss er, sich dem Thema Wahlwerbung zu widmen und die Parteizentrale der „Neuen Konservativen“ aufzusuchen.

6

Das Ergebnis seines Besuchs bei den „Neuen Konservativen“ war wie erwartet. Die Herren baten darum, dass auf keinen Fall etwas an die Presse kommt, das sei im jetzigen Stadium des Wahlkampfes höchst schädlich, sie könnten sich auch überhaupt nicht erklären, wie so ein anonymes Schreiben mit ihrer Partei zusammenhängen könnte und so weiter. Absolute Fehlanzeige. Eine dieser vielen Spuren, die man als Privatdetektiv verfolgen muss, obwohl man weiß, dass es meistens nichts bringt – verlorene Zeit.
Müller beschloss, noch einmal die Firma des Toten, „happy power“, zu besuchen. Er hoffte, einige Worte

mit der Sekretärin von Schlachter wechseln zu können. Müller hat die Erfahrung gemacht, dass Sekretärinnen meist sehr viel mehr wissen als manche leitende Angestellte. Joachim Breitner hatte ihm zwar gesagt, dass dieser Schlachter ein etwas schwieriger und offensichtlich auch ein verschlossener Typ war, aber vielleicht war er das gegenüber seiner Sekretärin nicht?

Als er nach einigen Schwierigkeiten – die Büroräume waren immer noch von der Polizei besetzt – bei „happy power“ eintreten konnte, war die Sekretärin Schlachters nicht mehr da. Immerhin erfuhr er, dass sie Birgit Glanz hieß. Da er nun schon mal in den Räumen der Werbeagentur war, wollte er versuchen, das Zimmer von Schlachter zu besichtigen. Joachim Breitner ging mit ihm in den Raum.

Als Müller um den Schreibtisch ging und sich den Sessel ansehen wollte, in dem Schlachter starb, entdeckte er auf dem Teppich neben dem linken vorderen Tischbein etwas Kleines, Glitzerndes. Er bückte sich und hob es auf. Es war ein kleiner, vielleicht ein Millimeter großer Diamant.

„Was ist das?“, fragte Breitner.

„Weiß ich nicht. Scheint ein Teil eines Schmuckstücks zu sein, vielleicht von einem Ring oder einer Kette.“

Müller steckte den Fund in eine kleine Plastiktüte und schob sie dann vorsichtig in seine Jackentasche.

„Das hat die Polizei wohl übersehen. Wirst du es ihr geben?“

„Schon schon. Aber nicht gleich. Erst möchte ich wissen, wem dieses Stückchen gehört. Wann wird hier eigentlich abends sauber gemacht?“

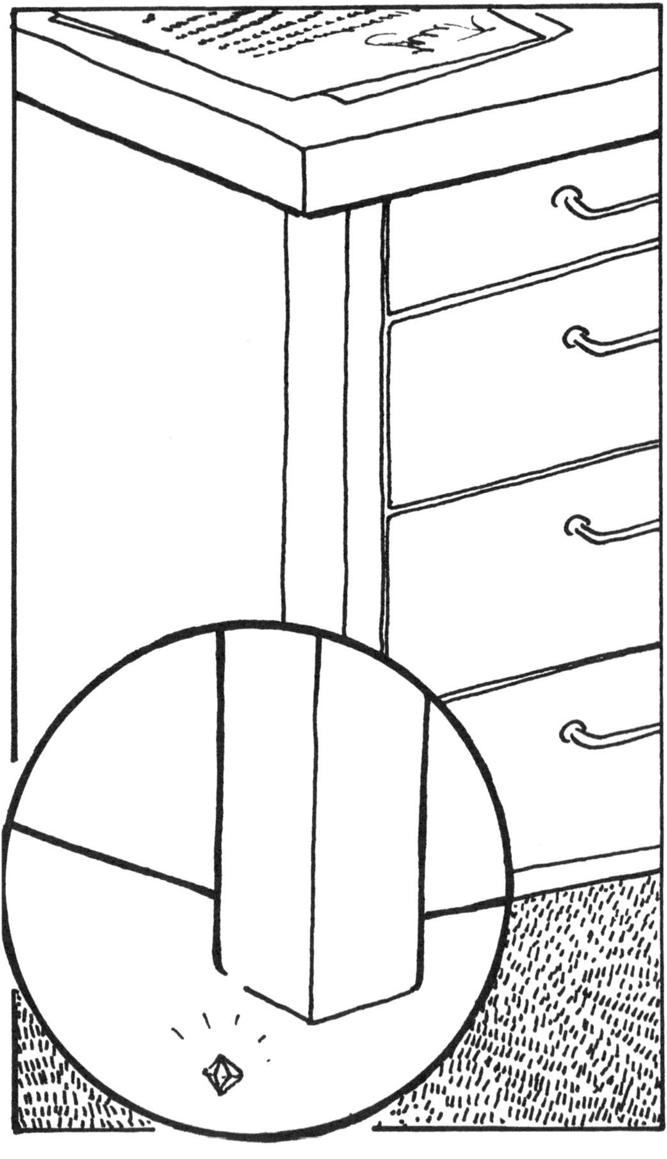

„Gegen sieben. Wir können die Putzfrau aber auch fragen. Ich glaube, sie hat schon angefangen, im Grafikraum zu putzen. Ich kann sie ja holen."

7

Die Putzfrau war eine kräftig gebaute Frau um die fünfzig. Sie hieß Elena Podznyk und sprach mit leichtem polnischen Akzent. Ihre Haare waren unter einem roten Kopftuch versteckt.
„Entschuldigen Sie, Frau Podznyk, dass wir Sie bei Ihrer Arbeit stören. Aber dieser Herr möchte Ihnen gerne ein paar Fragen stellen", sagte Joachim Breitner. „Bitte schön, bitte schön. Aber ich weiß nichts. Ich habe nichts gesehen und ich möchte mit der Sache nichts zu tun haben. Ich ..."
„Schon gut, Frau Podznyk", versuchte Müller sie zu beruhigen, „ich möchte nur wissen, wann Sie gestern hier sauber gemacht haben."
„Na ja, normalerweise komme ich so um Viertel vor sieben zum Herrn Direktor. Meistens ist der Herr Direktor dann schon weg, ich will ja niemanden stören, verstehen Sie, aber gestern war er noch in seinem Büro und ..."
„Also haben Sie gestern nicht sauber gemacht?"
„Doch, doch. Der Herr Direktor – Gott hab ihn selig – hat zu mir gesagt, kommen Sie ruhig rein, hat er gesagt. Er war immer sehr freundlich zu mir, nicht wahr, wer kann diesen freundlichen Herrn bloß umgebracht haben?"
„Also haben Sie nun sauber gemacht oder nicht?" Müller wurde langsam ungeduldig.

„Natürlich. Ich habe Staub gesaugt und ..."
„Haben Sie hier auch gesaugt?" Müller zeigte die Stelle neben dem Schreibtisch, wo er den Diamanten gefunden hatte.
„Na selbstverständlich! Ich arbeite immer gründlich! Sonst braucht man in meinem Beruf gar nicht erst anfangen. Außerdem hat der Herr Direktor immer darauf geachtet, dass alles ordentlich bei ihm ist. Er war so ein anständiger Mensch!"
„Vielen Dank, Frau Podznyk. Sie haben uns sehr geholfen. Und entschuldigen Sie nochmals, dass wir Sie von Ihrer Arbeit abgehalten haben."
„Das war alles? Und wissen Sie jetzt, wer der Mörder ist?"
„Leider noch nicht, leider noch nicht."
Nachdem die Putzfrau wieder zurückgegangen war, fragte Breitner: „Und warum wolltest du wissen, ob und wann sie sauber gemacht hat?"
„Ganz einfach. Ich wollte wissen, wann dieser Diamant verloren wurde. Offensichtlich war das nach Viertel vor sieben. Und möglicherweise gehört der Diamant dem Mörder."

8

Am nächsten Morgen besuchte Müller den Redakteur der Boulevardzeitung. Er hieß Manfred Koch und war schon seit Jahren dort tätig, hatte also leichten Zugang zum Archiv. Koch erklärte Müller, wie so eine Suche nach einer bekannten oder auch weniger bekannten Person funktioniert.
„Wir haben alles auf Magnetband gespeichert. Sie geben einfach die bekannten Daten in einen Computer und blitzschnell wirft er aus, was man wissen will."
Müller war beeindruckt. Falls er es mal zu einem großen Detektivbüro bringen sollte, mit mehreren festen Angestellten und freien Mitarbeitern und so, würde er auch mit einem Computer arbeiten. Bea Braun wäre dann verantwortlich für die Betreuung der Datenbank ... Er hörte auf zu träumen und fragte stattdessen den Redakteur:
„Und was hat Ihr schlauer Computer herausgefunden?"
„Oh, eine ganze Menge. Was wollen Sie denn wissen?"

„Vor allem etwas, was mit der Ehe von dieser Frau Schlachter zusammenhängt. Waren sie glücklich verheiratet, die beiden, gibt es Gerüchte über Seitensprünge? Hatte ihr Ehemann vielleicht andere Interessen?“

Sie lasen den ganzen Computerausdruck über die Tänzerin und fanden tatsächlich einige interessante Punkte.

Johanna Schlachter führte vor ihrer Ehe ein ziemlich wildes Leben. Fast jeden Monat stand etwas in den Klatschblättern. Als sie dann Peter Schlachter kennenlernte, wurde ihr Leben ruhiger. Sie bekam bessere Engagements an bekannten Bühnen und die Presse schrieb weniger über ihr Privatleben. In den letzten Monaten allerdings gab es Gerüchte, dass Peter Schlachter andere Interessen habe. Angeblich sei er neuerdings häufiger mit einer jungen Rocksängerin gesehen worden.

Über die jetzige Tournee von Johanna Schlachter fanden sie keine Informationen.

Müller bedankte sich bei dem Journalisten und versuchte anschließend, Johanna Schlachter zu erreichen. Er hatte von Joachim Breitner die Privatnummer seines früheren Chefs erhalten. Als Müller anrief, war jedoch niemand zu Hause. ‚Wahrscheinlich macht sie gerade bei der Polizei ihre Aussage‘, dachte Müller.

Er rief bei „happy power“ an, um mit Joachim Breitner zu sprechen. Er wollte mit ihm noch einmal den bisherigen Verlauf des Falles besprechen. Sie verabredeten sich zum Abendessen in Müllers Lieblingskneipe, dem „Jahrmarkt“ am Savignyplatz.

Er beschloss, vorher noch mal in seinem Büro vorbei-

zuschauen, um mit Bea Braun zu sprechen. Als er ins Büro kam, war sie gerade dabei, per Telefon mit einem anderen Klienten zu verhandeln. Soweit Müller das Gespräch verstand, ging es um einen Auftrag, den die Detektei vor ein paar Tagen angenommen hatte. Müller sollte das Geschäftsvolumen einer türkischen Importfirma überprüfen, aber er hatte bis jetzt einfach keine Lust gehabt, sich darum zu kümmern.
Bea Braun legte den Hörer auf und wandte sich an ihren Chef: „Sie wollten schon den Auftrag zurückziehen, weil wir immer noch keine Informationen haben. Sie müssen sich wirklich darum kümmern. Wir haben von denen schon einen Vorschuss kassiert!"
„Ja, ja, schon gut. Ich fange heute noch damit an. Aber vorher brauche ich noch Ihre Hilfe. Können Sie bitte versuchen, für morgen einen Termin mit der Witwe von Peter Schlachter auszumachen? Und mit seiner Sekretärin bei ‚happy power' auch? Haben Sie schon was von Ihrem Freund aus New York gehört?"
„Ich hab mit ihm telefoniert, aber er wird sich erst morgen früh melden."

Bea Braun hatte bei der Tänzerin mehr Glück als Müller. Sie machte einen Termin für den kommenden Tag aus, ebenso mit der Sekretärin von Schlachter.

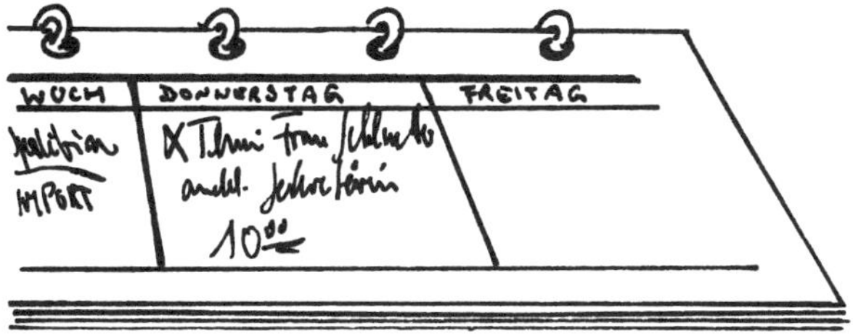

9

Als Joachim Breitner im „Jahrmarkt“ eintraf, saß Müller schon an seinem Lieblingstisch im hinteren Teil des Restaurants vor einem frisch gezapften Pils. Sie bestellten beim Kellner ihr Essen und Müller erzählte, was er bis jetzt erfahren hatte. Es war leider nicht viel und eine Spur hatte er eigentlich auch noch nicht.

„Joachim, ich muss mit dir noch einmal über den Abend von Schlachters Tod sprechen. Ich kriege das alles noch nicht auf die Reihe. Gehen wir das Ganze noch mal durch. Wann bist du aus dem Büro gegangen?“
„Das habe ich dir doch schon gesagt. Ich bin so um sieben weggegangen.“
„Wer war zu der Zeit noch im Büro?“
„Nur die Putzfrau und die Sekretärin von Schlachter. Und Schlachter natürlich.“
„Die Putzfrau hat gegen sieben bei Schlachter sauber gemacht und ging dann nach Hause. Das wissen wir. Wann ging die Sekretärin weg?“
„Soweit ich weiß, um halb acht. Das hat sie auch der Polizei gesagt. Anschließend war sie ab acht bei ihrer Mutter zum Abendessen. Das hat die Polizei auch überprüft.“
„Und um halb neun hat dann seine Frau aus New York angerufen, um ihm ihre Ankunft in Berlin mitzuteilen. Ich werde einfach nicht schlau aus der Geschichte. Was ist eigentlich mit deiner Schreibmaschine? Hat die Polizei dazu was mitgeteilt?“
„Ja. Es steht eindeutig fest, dass dieser Brief auf meiner Maschine getippt wurde.“

JAHRMARKT
SPEISEN +
GETRÄNKE

„Was ist mit dem Schlüssel? Ist vielleicht noch ein vierter Schlüssel aufgetaucht?“
„Nicht, dass ich wüsste.“
„Also einen hattest du in deinem Schreibtisch, einen hatte Schlachter in der Tasche und einer lag bei Schlachter zu Hause, nicht wahr?“

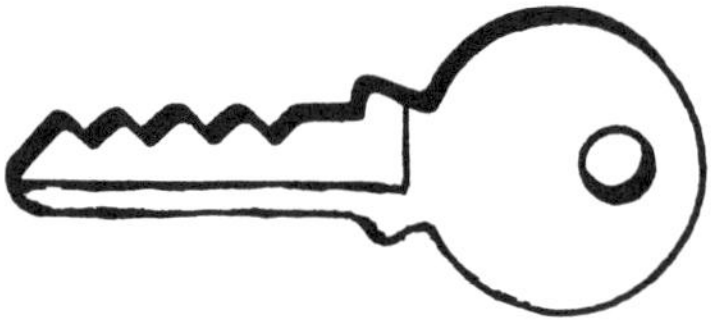

„Genau. Mensch, Helmut, das sieht alles ganz schön schlecht für mich aus. Hast du denn keine Idee, wer dahinterstecken könnte?“
„Leider immer noch nicht. Ich tappe auch völlig im Dunkeln. Ich finde weder ein Motiv noch einen Verdächtigen. Dass das Ganze irgendwas mit dem Wahlkampf und eurer Werbung für die Konservativen zu tun hat, glaube ich allerdings nicht. Irgendein Gefühl sagt mir, dass da irgendetwas Privates dahintersteckt. Wie lange kennst du Schlachter eigentlich schon?“
„Ach, eigentlich schon ziemlich lange. Noch aus der Zeit, als er noch Junggeselle war. Durch seine Heirat mit Johanna hat er sich eigentlich nicht verändert. Vorher hatte er mal ein Verhältnis mit seiner Sekretärin, das ging wohl so ein oder zwei Jahre, aber wie gesagt, Genaues über sein Privatleben weiß ich nicht.“
„Der Journalist, mit dem ich gesprochen habe, erzählte mir, dass die Ehe von Schlachter in letzter Zeit nicht mehr so gut war. Man munkelt, er hätte eventuell sogar eine neue Freundin. Weißt du da etwas drüber?“

„Nein, das höre ich zum ersten Mal."
„Na, vielleicht erfahre ich morgen mehr. Ich werde mit der Witwe und mit der Sekretärin von Schlachter sprechen."

Breitner hatte keinen besonderen Appetit. Er war sehr niedergeschlagen und besorgt. Er ließ die Hälfte seines Essens stehen und verzichtete auch auf den Nachtisch, was Müller jedoch nicht hinderte, sich einen großen Eisbecher mit Sahne zu bestellen. Als sie schließlich das Restaurant verließen, versuchte Müller, Joachim Breitner noch etwas Mut zuzusprechen, allerdings ohne großen Erfolg. Er versprach, sich am nächsten Tag zu melden, wenn es irgendetwas Neues gäbe.

10

Johanna Schlachter wohnte in einer Jugendstilvilla im Grunewald, einem vornehmen Wohnviertel Berlins. Das Haus stand in einem gepflegten Garten. Der Weg bis zur Haustür war mit Steinplatten ausgelegt. Links und rechts des Weges blühten Magnolien und Tulpen. Nach dem Klingeln musste Müller ein wenig warten, bis eine Stimme aus der Sprechanlage sich meldete. Er sagte seinen Namen, drückte gegen das eiserne Gartentor und ging zum Haus. Johanna Schlachter stand in der Haustür und begrüßte ihn.
„Kommen Sie rein, Herr Müller, ich habe Sie schon erwartet. Ich weiß zwar nicht, wie ich Ihnen helfen kann, aber wenn es irgendeine Hoffnung gibt, den Mörder meines Mannes zu finden ..."

Die Frau trug ein langes, baumwollenes Hauskleid mit einem, wie Müller fand, sehr hässlichen Muster aus gelben Karos. Ihre Füße steckten in ledernen, hochhackigen Schuhen, die mit großen Schleifen im gleichen scheußlichen Gelb verziert waren. Ihr Gesicht wirkte sehr müde. Um die Augen hatte sie graue Ringe, die durch die Schminke nur schlecht verdeckt wurden.
‚Jetlag oder echte Trauer, das ist hier die Frage', sinnierte Müller. Die Zeitverschiebung und der Flug hatten ihre Spuren in diesem Gesicht hinterlassen, aber sonderlich betroffen wirkte diese Witwe eigentlich nicht, zumindest empfand er das so.

„Verzeihen Sie, gnädige Frau, dass ich Sie störe", begann Müller, „ich kann mir vorstellen, dass das alles ein bisschen viel für Sie war. Es tut mir aufrichtig leid. Der Tod Ihres Mannes war sicherlich ein großer Schock für Sie."
„Schon gut, kommen wir zur Sache", entgegnete sie kühl.
„Frau Schlachter, Sie waren die Letzte, die mit Ihrem Mann gesprochen hat, und ..."
„Wieso ich?", unterbrach sie ihn, „das war doch wohl der Mörder, oder?"
„Natürlich, verzeihen Sie." Müller fühlte, wie er rot im Gesicht wurde. Diese Frau war ihm unangenehm, ihre Kühle und die Schärfe in der Stimme machten ihn unsicher.
„Wann genau haben Sie mit ihm telefoniert?"
„Das habe ich bereits der Polizei gesagt. Ich habe ihn gegen halb drei von meinem Hotelzimmer aus ange-

rufen und ihm gesagt, wann ich in Berlin ankommen werde. Nach dem Gespräch bin ich noch etwas einkaufen gegangen. Mein Hotel, das ‚Warwick', liegt in der Nähe des Trump-Tower und dort gibt es einige wunderschöne Boutiquen. Kennen Sie das ‚Warwick'? Ich kann es Ihnen sehr empfehlen."
„Vielen Dank, sehr freundlich. Ich war zwar noch nie in New York, aber man weiß ja nie ... Haben Sie denn eine Idee, wer ein Interesse am Tod Ihres Mannes haben könnte? Hatte er Feinde?"
„Tut mir leid, ich habe keine Ahnung. Feinde hatte er, soweit ich weiß, nicht mehr und nicht weniger als andere Männer auch in seiner Branche. Jedoch sicher niemanden, der ihn umbringen würde."
„Und innerhalb der Firma?"
„Ach, Sie meinen wohl den Breitner? Tja, ich habe von der Polizei so einiges gehört, aber vorstellen kann ich mir das nicht. Er ist zwar ein sehr ehrgeiziger junger Mann, aber deshalb gleich den Chef umbringen? Ich weiß wirklich nicht ... Wenn Sie sonst keine weiteren Fragen haben, wäre ich Ihnen dankbar, wenn wir unser Gespräch jetzt beenden könnten. Ich bin noch ziemlich müde von der Reise."
Nach einigen kurzen weiteren Fragen zog sich Müller zurück. Er hatte ein komisches Gefühl. Die Frau wirkte so kalt und arrogant. Von Trauer keine Spur. Aber ihr Alibi war nun mal absolut einwandfrei.
Beim Verlassen des Grundstücks fiel ihm ein alter, grüner VW-Käfer auf, der in etwa zwanzig Meter Entfernung auf der anderen Straßenseite stand. Am Steuer saß eine Frau mit langen, blonden Haaren. Ihr Gesicht konnte er nicht erkennen, da das Sonnenlicht

auf der Scheibe spiegelte. Müller ging in die entgegengesetzte Richtung, bog um eine Hausecke und drehte sich vorsichtig um. Er sah, wie die Frau aus dem Wagen stieg und mit schnellen Schritten auf das Haus der Schlachters zuging.
Er notierte sich die Nummer des Wagens und fuhr mit dem Taxi zurück ins Büro.

11

Wieder an seinem Schreibtisch, kümmerte er sich endlich um die türkische Importfirma. Nach einigen Telefonaten war er so weit, dass Bea einen Bericht tippen konnte, der zumindest den Eindruck machte, als arbeite die Detektei Müller intensiv an diesem Fall. Müller beschloss, den Bericht nicht per Fax, sondern per Post zu schicken, so würden sie noch ein wenig mehr Zeit gewinnen. Er hielt die Erfindung des Faxgerätes sowieso für ein Verbrechen an der Menschheit. Bei Anfragen oder Berichten konnte man bisher immer einige Tage verstreichen lassen, ehe man antwortete, schlimmstenfalls war die Post daran schuld, wenn ein Brief nicht rechtzeitig ankam, aber jetzt? Kaum hatte man eine Seite an den Kunden gefaxt, schon kam die Antwort. Ein grässlicher Zeitdruck!

„Übrigens, Chef, mein Bekannter aus New York hat sich gemeldet."
„Was? Und das sagen Sie mir erst jetzt?"
„Tut mir leid, Chef, aber ich dachte, wir sollten versuchen, den anderen Auftrag nicht zu verlieren, und deshalb dachte ich ..."
„Na ja, schon gut. Also, was sagt Ihr amerikanischer Freund?"
„Wir haben großes Glück mit ihm. Er war im Hotel dieser Tänzerin und hat es irgendwie geschafft, mit einer Dame in der dortigen Buchhaltung zu sprechen. Die hat ihm die Rechnung dieser Johanna Schlachter gezeigt. Also es stimmt, was sie behauptet. Sie wohnte die ganze Zeit im Warwick-Hotel und hat so um fünf das Hotel verlassen. Eine dicke Telefonrechnung hatte sie auch. Das letzte Mal hat sie um halb drei Berlin angerufen. Ich habe von meinem Bekannten sogar die Nummer: 49-30-249777. Vier-neun ist für die Bundesrepublik Deutschland, drei-null ist für Berlin und dann eben die Teilnehmernummer."
„Prima, Bea, das nenne ich tolle Arbeit. Eigentlich hasse ich ja diese modernen Computerabrechnungen in den Hotels, weil man ja keine Intimsphäre mehr hat. Das Finanzamt weiß dann immer gleich, was man alles gemacht hat im Hotel, was man gegessen

und getrunken hat und mit wem man telefoniert hat. Aber für unseren Beruf kann es ja auch ganz nützlich sein. In diesem konkreten Fall hilft uns das allerdings nicht weiter. Es beweist nur, dass diese Tänzerin die Wahrheit gesagt hat."

„Stopp, Chef, schön langsam." Beas Stimme klang jetzt triumphierend. „Fast hat sie die Wahrheit gesagt, aber eine Kleinigkeit stimmt nicht. Ich habe zuerst auch gedacht, dass das die Nummer von ‚happy power' ist. Stimmt aber nicht. Ich habe nämlich einfach mal die Nummer gewählt und da meldete sich niemand von der Werbefirma."

„Sondern? Mensch, Bea, erzählen Sie doch. Spannen Sie mich nicht so auf die Folter!"

„Tja, wessen Anschluss das ist, weiß ich noch nicht. Es meldete sich eine Frauenstimme mit ‚Ja, hallo?' und ich habe dann gefragt ‚Ja, ist da nicht die Firma ‚happy power?', und dann wurde aufgelegt."

„Na, das ist ja ein Ding! Das heißt erstens, dass unsere schöne Tänzerin lügt. Aber warum? Zweitens heißt das, dass Peter Schlachter möglicherweise schon vor halb neun umgebracht wurde. Bea Braun, Sie sind wunderbar! Was wäre ich ohne Sie? Jetzt freue ich mich auf mein Gespräch mit der Sekretärin von Schlachter. Inzwischen müssten Sie versuchen herauszubekommen, wer sich hinter der Telefonnummer verbirgt. Ach, und noch was. Ich habe hier eine Autonummer. B – KL 2425. Rufen Sie doch Ihren Freund Kommissar Schweitzer an und fragen ihn, ob er Ihnen helfen und den Namen des Besitzers ermitteln kann. Ich fahre jetzt zu ‚happy power'."

12

Als Müller bei der Werbefirma nach Birgit Glanz fragte, führte ihn eine junge Frau in das Zimmer der Chefsekretärin. Sie war etwa vierzig Jahre alt, schätzte Müller, ihr Haar war lang und blond. Für Müller gab es keinen Zweifel: Das war die Frau mit dem VW-Käfer! Sie wirkte ruhig und gelassen. Falls sie ihn vor dem Haus der Schlachters erkannt hatte, ließ sie es sich zumindest nicht anmerken.
„Frau Glanz, entschuldigen Sie die Störung, Sie wissen, warum ich mit Ihnen sprechen möchte?"
„Ich nehme an, Sie werden mich das Gleiche fragen wie die Polizei. Ich finde es zwar albern, zweimal dasselbe zu erzählen, aber wie ich hörte, arbeiten Sie für Herrn Breitner. Da helfe ich natürlich gern, wenn ich kann."

Müller glaubte kein Wort von dem, was diese Frau sagte. Ihre Stimme hatte irgendwie einen zynischen Unterton, wirkte aber sicher. Sie war nicht nervös.
„Tja, Frau Glanz, was mich vor allem interessiert, ist, wann Sie am Abend der Tat das Büro verlassen haben und wann Sie Ihren Chef zum letzten Mal gesehen haben."
„Ich kann es gerne noch einmal wiederholen: Ich bin ungefähr um halb acht aus dem Büro gegangen. Dann war ich bei ..."
„Schon gut, ich weiß, wo Sie dann waren. Also um halb acht, sagen Sie. Und wann haben Sie Ihren Chef zum letzten Mal gesehen?"
„Kurz vorher. Ich habe ihn gefragt, ob ich noch was für ihn tun kann, aber er sagte nein und meinte, ich könnte jetzt gehen. Er wollte noch ein bisschen bleiben, unter anderem, weil er noch einen Anruf von seiner Frau erwartete."
„Und um diese Zeit war sonst niemand mehr im Büro, oder? Sie waren also die Letzte, die Herrn Schlachter lebend gesehen hat, nicht wahr?"
„Die letzte Person war doch wohl der Mörder!"
„Ja ja, schon gut, Frau Glanz." Müller dachte daran, dass die Witwe Schlachters fast die gleichen Worte benutzte, als er sie wegen ihres Anrufs befragt hatte. Er musste jetzt sofort Bea Braun anrufen, um sicher zu sein, dass der Volkswagen, den er heute Morgen gesehen hatte, ihr auch wirklich gehörte. Vielleicht hatte Bea inzwischen auch erfahren, wem der Telefonanschluss gehörte. Er hatte zwar einen Verdacht, aber er wollte ganz sicher sein.
„Im Moment wäre das eigentlich alles, Frau Glanz.

Sie sind ja sicherlich noch länger im Büro heute. Vielleicht muss ich Sie später noch einmal befragen. Erst mal vielen Dank."

Müller ging in das Büro von Joachim Breitner. Breitner saß nervös auf seinem Stuhl hinter dem Schreibtisch und fuhr sich ständig mit einer Hand durch die Haare.
„Wie sieht's aus, Helmut? Hast du eine Spur?"
„Und ob, mein Lieber, und ob! Ich muss jetzt dringend telefonieren. Kann ich deinen Apparat benutzen?"
Müller wartete die Antwort gar nicht erst ab, sondern begann zu wählen.
„Bea? Na, was ist, haben Sie was rausgekriegt? ... Wie? Ach was! Dachte ich mir doch! Ja, ja, sofort! Sagen Sie ihm, ich bleibe so lange hier. Ach, noch was. Er soll sich schnellstens einen Hausdurchsuchungsbefehl besorgen. Ja, ja ... Doch, wegen Beweissicherung ... Das erkläre ich ihm dann schon. Prima! Also bis später!"

„Was ist los, Helmut? Gibt es eine Chance für mich? So sag doch was!"
Breitners Gesicht war eine Mischung aus Verzweiflung, Hoffnung und Neugier. Müller setzte sich bequem in einen Sessel und sagte:
„Ganz ruhig, mein Guter, ganz ruhig. In ein paar Minuten ist Kommissar Schweitzer hier. Inzwischen können wir eine Tasse Kaffee trinken und haben sogar Zeit für ein schönes Stück Kuchen. Kannst du nicht jemand in eine Konditorei schicken, der uns etwas Kuchen holt? Ich hätte gerne eine Erdbeertorte mit Schlagsahne."

13

Kommissar Schweitzer war sehr schlecht gelaunt, als er im Büro von Breitner den Detektiv sah. Er spürte, dass dieser Müller wieder mal eine Spur schneller gewesen ist als er. Zwar kam er inzwischen ganz gut mit der Sekretärin von ihm aus, aber diesen Helmut Müller konnte er einfach nicht leiden. Als die Sekretärin im Kommissariat anrief, war er ganz froh, ihre Stimme zu hören, aber inzwischen war er wieder missmutig wie immer.

„Also, Müller, wie steht die Sache? Ich nehme an, Sie haben Informationen, die Sie bisher der Polizei vorenthalten haben. Sie sind aber zur Zusammenarbeit mit uns verpflichtet, das wissen Sie doch, nicht wahr?"

„Ja natürlich, deswegen freue ich mich ja auch, dass Sie so schnell gekommen sind." Müller genoss es sichtlich, Schweitzer in dieser schlechten Laune zu sehen. „Ich hatte lediglich Glück bei meinem Besuch heute Morgen bei der Witwe Schlachter. Außerdem habe ich das Glück, eine wunderbare Sekretärin zu haben, die ausgezeichnete Kontakte in New York hat. Aber nun zu den Tatsachen:

Erstens: Wir fanden heraus, dass die Witwe Schlachter nicht, wie sie behauptet, mit ihrem Mann telefoniert hat, sondern mit der Mutter von Birgit Glanz. Zweck dieses Anrufs war es, von Birgit Glanz, die inzwischen bei ihrer Mutter war, zu hören, ob alles geklappt hat. Birgit Glanz hat ihren Chef ermordet und wurde durch Frau Schlachter mit einem, wie es schien, perfekten Alibi versorgt. Durch die Behauptung, sie hätte noch um halb neun mit ihrem Mann telefoniert, sollte die Tatzeit vertuscht werden.

Zweitens: ...“

„Halt, halt! Woher wissen Sie, dass Johanna Schlachter nicht ihren Mann, sondern die Mutter von Birgit Glanz angerufen hat?“, fragte der Kommissar.

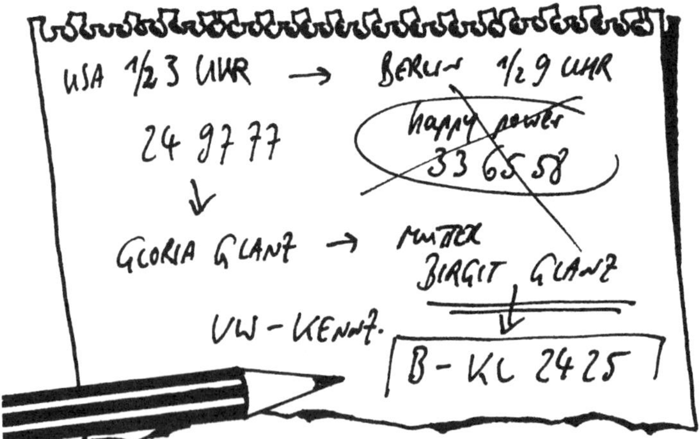

„Das geht aus der Hotelrechnung des Warwick-Hotels hervor. Der Computerausdruck ihrer Telefongespräche weist aus, dass Frau Schlachter um halb drei Ortszeit, also um halb neun hier in Berlin, die Nummer 249777 hier in Berlin angerufen hat. Die Nummer der Firma ‚happy power' ist jedoch 336558. Der Anschluss 249777 ist auf den Namen Glanz, Gloria ausgestellt, der Mutter von Birgit Glanz."

„Und wie kam Birgit Glanz an den Schlüssel des Büros? Wir haben vor einer Stunde bei der Witwe von Schlachter den Reserveschlüssel in einem Fach des Schreibtisches von Schlachter gefunden."

„Ganz einfach. Vor ihrer Abreise nach New York hat Johanna Schlachter den Schlüssel Birgit Glanz gegeben. Heute früh, als ich bei Frau Schlachter war, habe ich gesehen, wie Birgit Glanz, kurz nachdem ich das Haus verlassen habe, die Witwe besucht hat. Ich nehme an, sie kam, um den Schlüssel zurückzubringen. Sie kam in einem VW-Käfer mit dem Kennzeichen B – KL 2425. Meine Sekretärin hat auch das überprüft. Es ist der Wagen von Birgit Glanz."

„Theoretisch mag das ja alles stimmen, aber wir brauchen doch mehr Beweise. Dieser Anruf ist zwar schon eine Spur, aber ..." Der Kommissar schien immer noch nicht sehr überzeugt. Offensichtlich gefiel ihm seine Variante, dass Joachim Breitner der Mörder war, wesentlich besser.

„Da ist noch etwas, lieber Kommissar Schweitzer. Als ich das Büro von Schlachter nach Spuren untersuchte, fand ich etwas, was Ihre Beamten offensichtlich übersehen haben."

Müller zog einen kleinen Plastikbeutel aus der Jackentasche und übergab ihn dem Kommissar.
„Was ist das?“
„Ein winziger Diamant, ich nehme an, er passt zu einem Ring, einer Kette oder einem anderen Schmuckstück. Ich habe ihn neben dem Schreibtisch gefunden. Da die Putzfrau mir versichert hat, sie habe um sieben Uhr des Tatabends Staub gesaugt, kann dieser Diamant nur später verloren worden sein. Da ich weiterhin nicht annehme, dass Ihre Beamten Diamantringe oder Ähnliches bei der Arbeit tragen, schlage ich vor, dass Sie bei Birgit Glanz das zum Diamanten gehörende Schmuckstück suchen.“
„Kompliment, Müller, Kompliment. Bitte grüßen Sie Ihre Sekretärin von mir.“ Der Kommissar stand auf und ging mit einem weiteren Beamten aus dem Zimmer. In der Tür drehte er sich noch mal um. „Und warum das alles? Haben Sie da auch eine Antwort?“
„Eifersucht, diese dumme Eifersucht. Birgit Glanz war die frühere Geliebte von Schlachter. Als er die Tänzerin kennenlernte, ließ er die Sekretärin fallen. In den letzten Monaten hat er das Gleiche mit seiner Frau gemacht und sich mit einer jungen Rocksängerin zusammengetan. Die beiden verlassenen Frauen haben sich verbündet und sich gerächt. Mord aus verschmähter Liebe! Ein klassisches Motiv, finden Sie nicht, Herr Kommissar?“

Der Kommissar ging mit seinem Kollegen ins Zimmer der ehemaligen Chefsekretärin und ließ Müller mit Joachim Breitner allein.

„Mensch, Helmut! Das ist ja ein Ding! Aber warum dann dieser Brief und das Entlassungsschreiben?“
„Na ja, irgendjemand muss ja der Mörder sein. Da haben sich die beiden Damen eben einen Verdächtigen ausgesucht und fleißig Spuren gelegt. Das wäre ihnen ja auch fast gelungen, was? So, jetzt muss ich aber meine Sekretärin anrufen.
Hallo, Bea? Ja, danke ... hat alles geklappt ... nein, er war sehr freundlich ...ja, ja, ... freut mich auch.
Was ich noch sagen wollte, Bea, wie wär’s denn, wenn wir in Zukunft Partner werden? ... Na, ja, ‚Müller & Braun, Detektei‘, ...
Ja, das ... wie? Alphabetisch ordnen? ... Na, ich weiß nicht, Bea, das sollten wir bei einem schönen Abendessen besprechen, das mit dem Alphabet.
Also bis gleich ... Wie, die Importfirma? Na, jetzt wo wir Partner sind, können Sie doch ... na gut, ich komme sofort. Tschüs!“

Ende

Übungen und Tests

1. Was wissen Sie jetzt schon über Joachim Breitner? Bitte ergänzen:

Er kennt Müller schon seit ______________________

Er hat früher ______________________

Er ist sehr aufgeregt, weil ______________________

Er arbeitet in der ______________________

2. Fragen beantworten

Wann hat Müller Joachim Breitner zum letzten Mal gesehen?

____

Warum spielt Müller nicht mehr gern Tischtennis?

____

Warum hat Müller Schwierigkeiten am Eingang zur Werbeagentur?

____

Wohin gehen Müller und Breitner schließlich?

____

3. Einen Text zusammenfassen: Benutzen Sie folgende Stichpunkte:

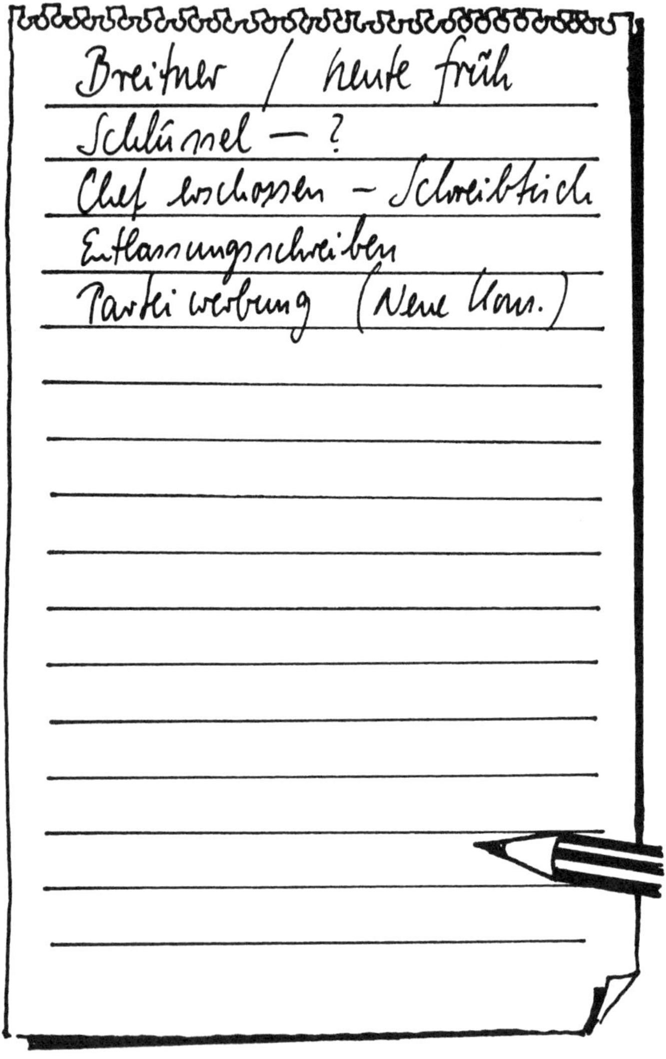

4. Was wissen Sie jetzt über Herrn und Frau Schlachter. Bitte ergänzen:

Herr Schlachter	Frau Schlachter
Beruf ____________________ Alter ______________ Ehe ____________________ ____________________ letztes Gespräch mit seiner Frau um _______ Uhr	Beruf ____________________ Alter ______________ arbeitete in ____________________ ____________________ letztes Gespräch mit ihrem Mann um _______ Uhr

5. Richtig oder falsch? Bitte ankreuzen:

	r	f
Frau Schlachter lebt in New York.		
Müller hat einen Freund in New York.		
Bea Braun ruft Redaktionen an.		
Müller liest Zeitung.		

6. Wo liegt der kleine Diamant? Bitte ankreuzen.

7. Kontrollieren Sie den Zeitablauf des Tatabends und die bisherigen Aussagen.

	P. Schlachter	J. Schlachter	Breitner	Glanz	Podznyk
6:30					
7:00			geht aus dem Büro		
7:30					
8:00					
8:30					
9:00					
9:30					
10:00					

8. Wissen Sie jetzt schon mehr über Herrn und Frau Schlachter? Vergleichen Sie mit der Übung von Kapitel 4 und ergänzen Sie:

9. und 10. Fragen beantworten:

Warum ist Breitner so niedergeschlagen?

Warum wirkt Johanna Schlachter so müde?

Wann hat sie mit ihrem Mann telefoniert?

Was passierte, nachdem Müller das Haus Schlachters verlassen hatte?

11. Fassen Sie die Informationen von Bea Baun zusammen. Benützen Sie die folgenden Stichpunkte.

12. Was gehört zusammen? Bitte mit einem Pfeil verbinden:

Helmut Müller	wirkt ruhig und sicher.
Birgit Glanz	ruft Bea Braun an.
Joachim Breitner	ist immer noch sehr nervös.
Bea Braun	hat Appetit auf Erdbeertorte.
	hat das Büro um 19.30 verlassen.
	soll Kommissar Schweitzer anrufen.

13. Johanna Schlachter und Birgit Glanz haben je einen entscheidenden Fehler gemacht. Wissen Sie welchen?

Johanna Schlachter hat ______________________________

____

Birgit Glanz hat ___________________________________

____

Wie sieht das zukünftige Schild des Detektivbüros wohl aus? Hier können Sie einfach spekulieren.

H. Müller

Detektivbüro

Müller

&

Braun

Detektei

Braun und Müller

Detektivbüro

bea braun ________

helmut müller ______

______ detektivbüro

H. & B. Müller, Privatdetektive

Sämtliche bisher in dieser Reihe erschienenen Bände:

Stufe I

Oh, Maria…	32 Seiten	Bestell-Nr.	**49681**
– mit Mini-CD	32 Seiten	Bestell-Nr.	**49714**
Ein Mann zu viel	32 Seiten	Bestell-Nr.	**49682**
– mit Mini-CD	32 Seiten	Bestell-Nr.	**49716**
Adel und edle Steine	32 Seiten	Bestell-Nr.	**49685**
Oktoberfest	32 Seiten	Bestell-Nr.	**49691**
– mit Mini-CD	32 Seiten	Bestell-Nr.	**49713**
Hamburg – hin und zurück	40 Seiten	Bestell-Nr.	**49693**
Elvis in Köln	40 Seiten	Bestell-Nr.	**49699**
– mit Mini-CD	40 Seiten	Bestell-Nr.	**49717**
Donauwalzer	48 Seiten	Bestell-Nr.	**49700**
Berliner Pokalfieber	40 Seiten	Bestell-Nr.	**49705**
– mit Mini-CD	40 Seiten	Bestell-Nr.	**49715**
Der Märchenkönig	40 Seiten	Bestell-Nr.	**49706**
– mit Mini-CD	40 Seiten	Bestell-Nr.	**49710**

Stufe 2

Tödlicher Schnee	48 Seiten	Bestell-Nr.	**49680**
Das Gold der alten Dame	40 Seiten	Bestell-Nr.	**49683**
– mit Mini-CD	40 Seiten	Bestell-Nr.	**49718**
Ferien bei Freunden	48 Seiten	Bestell-Nr.	**49686**
Einer singt falsch	48 Seiten	Bestell-Nr.	**49687**
Bild ohne Rahmen	40 Seiten	Bestell-Nr.	**49688**
Mord auf dem Golfplatz	40 Seiten	Bestell-Nr.	**49690**
Barbara	40 Seiten	Bestell-Nr.	**49694**
Ebbe und Flut	40 Seiten	Bestell-Nr.	**49702**
– mit Mini-CD	40 Seiten	Bestell-Nr.	**49719**
Grenzverkehr am Bodensee	56 Seiten	Bestell-Nr.	**49703**
Tatort Frankfurt	48 Seiten	Bestell-Nr.	**49707**
Heidelberger Herbst	48 Seiten	Bestell-Nr.	**49708**
– mit Mini-CD	48 Seiten	Bestell-Nr.	**49712**

Stufe 3

Der Fall Schlachter	56 Seiten	Bestell-Nr.	**49684**
Haus ohne Hoffnung	40 Seiten	Bestell-Nr.	**49689**
Müller in New York	48 Seiten	Bestell-Nr.	**49692**
Leipziger Allerlei	48 Seiten	Bestell-Nr.	**49704**
Ein Fall auf Rügen	48 Seiten	Bestell-Nr.	**49709**
– mit Mini-CD	48 Seiten	Bestell-Nr.	**49726**